Paul DOUMERGUE

Vague de Chair

DE *FOI ET VIE*
DE LILLE, PARIS.

VAGUE DE CHAIR

Dans la bataille de Verdun — plus encore que dans les batailles d'Artois et de Champagne — il n'est question que de vagues, les soldats marchant à l'assaut par vagues, étant de la première, de la seconde, de la troisième vague. Voilà certes le dernier mot de l' « organisation », depuis qu'elle a pris la place de la civilisation : on organise un océan d'hommes en vagues, et puis la vague bondit.

On nous dit qu'à l'arrière, à douze kilomètres de la ligne de feu, Guillaume II contemplait d'un observatoire, comme autrefois devant le Grand Couronné de Nancy, l'assaut des vagues allemandes, quand il eut donné l'ordre : avancer quelles que soient les pertes. L'empereur, comme tout bon Allemand du xxe siècle, vit dans l'atmosphère fuligineuse et romantique des mythes : il doit s'être senti ce jour-là bien près et même au-dessus de Zeus ou de Wotan, lanceurs de vents et de foudres : que sont en effet les tempêtes de l'Océan où les vagues, si hautes soient-elles, se laissent éventrer par le soc des paquebots ou encore viennent mourir en se jouant sur le sable de la grève, à côté des tempêtes humaines où deux, trois cent mille soldats, et la canonnade de mille, deux mille pièces de 105, 280, 380, 420, forment sur un front de quelques kilomètres vagues de chair ou vagues de feu, fauchent les forêts au ras du sol, dénivellent les plaines en ravins et en entonnoirs, font voler en miettes maisons et forts : quand elles ont passé un pays est « sinistré », mort et enseveli. (1)

Tandis qu'il suivait à la lunette la marche des vagues allemandes, la marée montante de l'assaut, l'empereur dut s'enivrer, certes, de « prachtvoll » et de « grossartig » — d'autant que, si sa lunette lui faisait voir la montée des vagues déferlant sur les lignes ennemies et les submergeant, elle ne lui laissait pas voir le brisement de ces vagues contre les lignes françaises en une écume de sang.

Nous qui sommes loin et qui avons le recul qu'il faut pour voir la physionomie morale, le relief spirituel des événements, et qui avons la conscience simple, étant des hommes et non l'empereur, nous dirons notre impression devant

(1) On dit que la canonnade de Verdun a été entendue jusqu'au Rhin : telle colline a été, par le bombardement, décapitée de 30 mètres...

la forme nouvelle de la guerre : elle est faite de douleur et d'horreur.

*
* *

La guerre est devenue — sous l'impulsion allemande que les nations alliées ont été contraintes de suivre — une bataille des éléments, un cataclysme dans une nature nouvelle surajoutée à l'ancienne, machinée par la science, en quelque sorte surnaturelle, mais surnaturellement méchante, sauvage, meurtrière; c'est la folie furieuse de tout ce qui est élément de mort dans le monde, dont l'énergie est intensifiée, exaspérée par cette fureur même et cette folie.

J'ai sous les yeux les impressions qu'ont données eux-mêmes les civils évacués, les soldats blessés qui ont vu le champ de bataille. Pour en marquer l'aspect catastrophique, fantastique, effroyable, tous recourent au mot qui marque dans l'esprit populaire la vision d'un autre monde qui ne serait que le nôtre, ébranlé, renversé, chaviré, livré au vertige et au cauchemar ; un enfer (1).

(1) « Jamais sur aussi peu d'espace ne fut concentrée autant d'épouvante. L'un vous dira que c'est « formidable », l'autre plus lettré qualifiera la rafale de dantesque » — celui-ci avouera que c'est trop énorme, qu'il ne peut pas dire, » — celui-là se contentera de lever les bras en l'air et de s'écrier : « infernal ! » *Petit Journal, 8 mars.*

Je cite au hasard ces impressions :

« Nous étions tapis dans les fossés ou derrière des buissons ; il faisait un temps de tous les diables, les flocons dans le ciel se mêlaient aux morceaux de fer, la neige se mélangeait à la fumée. On eût dit que les éléments étaient en fusion. Nous devions subir 108 heures de bombardement dont 78 sans arrêt. Ces heures-là sont longues. Les obus se croisaient dans le ciel, il en tombait partout (1). Nous avions creusé de petites tranchées ; pendant la nuit nos pelles, nos bêches et nos pics portatifs ne pouvaient entamer le sol gelé, mais nous avions des outils de parc... et nous creusâmes ainsi des bauges, trous de tirailleurs, dans le sol pierreux et durci.

« Le 27 le bombardement... devint terrible. Je crois que l'histoire inscrira cette date. Jamais on n'a vu cela... Les obus tombaient comme les fruits d'un arbre que l'on secoue à l'arracher ; sur 5 kilomètres tout était embrasé, nous ne nous

---

(1) Le premier jour de bombardement, d'après *l'Associated Press*, 80.000 obus sont tombés dans un seul secteur de 1.000 mètres de largeur et de 5 à 600 mètres de profondeur — en 7 heures. Les cratères creusés par eux se prolongeaient les uns dans les autres. Tout ce qui avait offert une résistance quelconque à l'explosion avait été pulvérisé.

(Jusqu'à mardi) les techniciens prétendent que les Allemands ont lancé de 4 à 6 millions d'obus ? — et l'on sait que ce sont surtout les grosses pièces qui ont donné.

voyions plus ; le bruit était si fort qu'il fallait que les commandements soient faits à l'oreille et chacun en informait son voisin..... » *Récit de chasseur à pied.*

« Partout les obus de gros calibres tombent. Un tonnerre immense et continu ébranle la terre.

« Enfoncés dans notre terrier nous ne pouvons pas nous parler. Le bruit de la canonnade étouffe toutes les paroles. Et nous sommes secoués comme dans un rapide, tant l'ébranlement du sol est immense et profond. Parfois je risque un œil par le créneau. Aussi loin que ma vue peut s'étendre, quel infernal spectacle ! de gros nuages lourds et opaques masquent la lumière du ciel. Et dans cette pénombre fulgurent des gerbes de feu, mêlées à des gerbes de neige... Nous sommes réunis une dizaine dans notre boyau. Nous attendons, anxieux. Nous sentons que de très terribles chocs vont se passer. Nous voudrions savoir, en finir tout de suite. Notre supplice est d'être condamnés à l'immobilité et au silence pendant que le canon tonne, que toute la terre tremble, que la nature entière, autour de nous, semble se battre. Aussi tout à coup, spontanément, parce que nous n'en pouvons plus de cette émotion forcée, nous hurlons en cœur une chanson quelconque. Notre voix se perd dans le vacarme infernal. Nous n'entendons même pas notre voix... » *Impressions de combattant.*

Et voici le retentissement au loin jusque dans Verdun.

« Presque toutes les rues sont obstruées par les débris des maisons bombardées ; on doit enjamber des fils télégraphiques, des charpentes, d'énormes blocs de pierres ; on marche sur des vitres cassées, car il ne reste plus un seul carreau, même dans les immeubles qui n'ont pas été atteints, cela à cause du déplacement d'air. On dirait un vaste tremblement de terre. » *Récit d'évacué de Verdun.*

« Le roulement était ininterrompu. Tout Douamont tremblait et dans les étables les bêtes se serraient les unes contre les autres. On aurait cru se trouver au pied d'un volcan... Descendre à la cave ? Il n'y fallait pas songer. Les obus traversaient tout. » *Récit d'un évacué de Douamont.*

C'est après... et pendant cette tornade d'obus, dans ce bouleversement du ciel et de la terre, que s'organise et se déclanche l'attaque... — la vague allemande... la vague des hommes, vague de chair.

Il ne suffit pas de labourer le sol, de retourner les tranchées, de broyer les murs à coup de canons lointains : il faut finalement la présence de l'homme qui prend pied, qui conquiert : c'est l'assaut... et il n'y a plus aujourd'hui d'assaut que par vagues.

Tous les soldats blessés qui se souviennent de la bataille ont vu venir l'ennemi en vagues.

« ... Enfin au bout de quarante heures de cet enfer, nous voyons venir la vague d'infanterie. Un silence impressionnant se fait. En rangs serrés, la masse des ennemis s'avance. Brusquement, lorsqu'elle est arrivée à 800 mètres, les 75 se mettent à hurler. Les obus tombent en plein dans le milieu. Sans jumelles, à l'œil nu, nous pouvons voir tourbillonner les compagnies. L'attaque est brisée pour le moment. Mais les canons allemands reprennent. Un nouveau déluge de fer s'abat maintenant sur nous et en arrière, et, sous ce feu, l'assaut recommence... On les laisse, cette fois encore, avancer : puis à bonne distance, les mitrailleuses, au commandement, entrent en danse. A nouveau les rangs des assaillants s'écroulent. Je n'en ai pas aperçu davantage, et, de les avoir vu reculer deux fois, cela me console d'avoir senti 5 minutes après, un formidable coup de poing abattre mon épaule... »

Impressions de blessés. Le Journal, 1er mars,

« ... Je retourne au créneau. Par le miroir du périscope, attentivement je fixe l'Est... Je distingue le grouillement des masses allemandes. Ce qui se passe là-bas est effroyable : les bataillons sont tellement compacts qu'ils apparaissent comme des troupeaux. Ils couvrent le sol sur tant d'espace que la neige se trouve absolument cachée sur tout le champ de l'horizon…

« Déjà leurs avant-gardes atteignent nos premiers réseaux de fil de fer barbelés… Nos obus tombent sans relâche sur cette mer humaine…

« Dans l'océan humain des creux se forment. Les corps semblent s'enfoncer dans la boue. Ou alors des débris sanglants volent avec de la terre et des flammes… L'obus est passé… Dans la masse grise et mouvante une belle place blanche m'apparaît, bientôt recouverte par une vague nouvelle de la masse grise… »

Je passe — pour ne pas parler aux nerfs, quand je m'adresse à l'esprit — sur les scènes qui resteraient comme une hantise d'horreur. Il faut pourtant comprendre ce qu'est devenu la guerre.

Voici une vague allemande arrêtée dans un bas-fonds par la canonnade de la nuit. Au matin, croyant que cette masse d'hommes confuse est là attendant l'heure de l'attaque, on continue la mitraille, mais la masse n'avance ni ne recule.

« Lorsque le jour fut complètement venu, on eut le mot de l'énigme. C'était un amas de cadavres allemands. Surprise par notre feu, toute une colonne avait été anéantie… Et les cada-

vres étaient tellement serrés les uns contre les autres que la plupart étaient restés debout... »
Récit d'officier blessé.

Tantôt la vague est arrêtée, brisée par une mine qui saute.

« Une clameur..., un immense *Wacht am Rhein* retentit... La vague d'uniformes gris semble une onde folle rebondissante sur les galets. Sautant, gesticulant, chantant, et surtout tombant dans la neige blanche qu'ils ensanglantent, les voici..., ils viennent vers moi — (le sapeur qui est dans sa sape, prêt à faire sauter sa mine) — en trombe. Sur ceux qui s'affaissent, les autres culbutent : c'est une avalanche de capotes grises, de têtes, de casques...

« Mon cœur sursaute... ça y est. Ils passent plusieurs centaines sur la fatale bande de terrain. Une pression... C'est comme un jet d'eau infernal qui s'élève très haut au milieu de la mer humaine.

« Dans le tourbillon majestueux de fumées de ferrailles et de feu, réellement est-ce des têtes vivantes que je vois ? Est-ce une hallucination tout simplement... Non, je vous assure. J'ai vu... »

Je passe et ne relève qu'un petit fait — dans le récit d'un autre sapeur — pour marquer l'étiage d'horreur qu'a atteint la tempête des vagues humaines. Ce sapeur et trois de ses camarades sont ensevelis dans leur boyau de mine où un éclatement d'obus, en faisant ébouler la terre, les a emmurés. Ils n'ont plus d'espoir qu'en mettant le feu à leur mine qui fera sauter le plafond de terre. En effet la mine saute ; les hommes en rampant déblaient l'éboulis : au bout de deux heures ils sont arrivés au fourneau de mine ; mais tout de même, ils ne voient pas le ciel, le bruit du canon reste aussi lointain — et ils désespèrent.

« Tout à coup une bizarre humidité nous pénètre : il semble qu'une rigole d'un liquide moite coule dans la galerie. C'est du sang... Nos lèvres en sont toutes barbouillées ; au goût j'ai reconnu du sang... Nous nous trouvons apparemment au fond de l'entonnoir que l'explosion de la mine a entamé dans le sol — et au fond de l'entonnoir ont roulé en masse les soldats allemands déchiquetés ou asphyxiés... »

La vague de chair brisée en ruisseaux de sang !

Eh ! bien, devant ces horreurs je dis que tout chrétien, tout homme ne peut que maudire cette « évolution » de la guerre, telle que l'a faite la Kultur allemande — ce monde monstrueux et macabre : déluge de fer et d'acier, nuages de gaz asphyxiants, jets de flammes, tremblement de la terre et du ciel — vagues de chair.., écume de sang. « Feu brûle, épée frappe, » prêche le pasteur Philippi. — Dieu est avec nous, télégraphie l'empereur Guillaume II. Vraiment ! le Dieu de l'Evangile qui a créé l'homme en une individualité, et qui a affirmé qu'une seule âme, l'âme du plus petit, a plus de valeur qu'un monde, serait avec ceux pour qui l'homme n'est bon qu'à faire masse de sa chair, et cette chair à faire masse avec d'autres chairs, et ensemble une vague où par cent, par mille, par cent mille, les individualités sont fondues en un bloc élémentaire, anonyme, brut et brutal, de choc, de destruction, de mort — et puis la vague se brise en une écume de sang... tout cet apparat grandiose de bataille aboutit à la plus ignoble et prosaïque vision d'abattoir. Nos soldats écœurés disent : ce n'est plus la guerre cela ; c'est la boucherie. Faut-il que l'humanité soit descendue bas pour faire de l'homme qui est une âme... une simple goutte d'eau dans une vague de chair et, finalement de sang !

Ici quelque neutre dira : comme cela est vrai ! Seulement cela est vrai pour la France comme pour l'Allemagne ; cela est vrai pour toutes les armées ; c'est la guerre. Je n'ai nulle envie de discuter, craignant toujours que les discussions sur la guerre ne tournent en querelles d'allemands. Je suis resté très naïf... j'ai gardé des conceptions d'enfant ou d'homme du peuple. Il me semble que la nation qui est devenue vague de chair, c'est l'Allemagne, car c'est la nation qui attaque : elle est l'envahisseur. Ce n'est pas la France qui a voulu la guerre, qui a déclaré la guerre. Je me souviens qu'au premier bruit de guerre l'armée française se retira de quelques kilomètres de la frontière pour que pas un coup de fusil ne mette, comme on dit, le feu aux poudres, mais que déjà, avant même la déclaration de guerre, des troupes allemandes avaient passé la frontière et tiraillaient. La vague allemande a déferlé sur la Belgique, puis sur l'Artois, sur la Champagne, elle déferle sur Verdun pour tout submerger : c'est l'invasion (1).

Et si on veut une image pour la France, pour l'armée française, il faut dire qu'elle est la digue. C'est une horreur et un fléau qu'un raz-de-marée, qu'une inondation, et, quand le flot monte, si on pouvait l'exorciser d'un anathème, qui ne se ferait un devoir de lancer l'anathème? mais il n'y a d'exorcisme vrai qu'une digue — une digue plus haute et plus forte que n'est haute et forte la vague. Et la digue est un bien, comme la vague est un mal.

A quoi, peut-être on dira : vague ou digue, c'est toujours la même chose ; c'est toujours la

(1) Cette accusation de l'histoire contre l'Allemagne est l'obsession du Kaiser. Depuis quelque temps, affirme-t-on, les familles allemandes qui ont perdu l'un des leurs au feu, reçoivent, joint à l'avis officiel du décès, une carte, avec ces mots : *Je jure que je n'ai pas voulu la guerre. Et je partage votre douleur.* Et c'est signé du Kaiser, Wilhelm.

personne humaine devenue matière — vague de chair ou mur de chair — vague de chair qui se brise en écume de sang, mur de chair qui s'effrite en lambeaux de sang.

Je ne retire pas un mot de ma détestation de la guerre. Mais je puis et dois dire quelle est dans cet effroyable cataclysme d'enfer, la trouée de ciel qui, en plein noir, me met au cœur un peu de bleu, un peu de réconfort et, si c'était encore possible, de joie. Je pense à ce qui, dans cette matérialisation, cette bestialisation du monde qu'est la guerre, demeure la présence, la revanche et le triomphe de l'esprit.

L'armée française a fait digue : mais ce qui a maintenu debout cette digue de chair, on peut bien dire que c'est l'esprit. Certes la digue était faite de corps, elle était soutenue, protégée par la mitraille ; mais le mortier, le béton que n'a pas désagrégé la vague allemande, était fait d'esprit. C'était la volonté que la force matérielle allemande n'écrasât pas le droit français, c'était la pensée que, si la digue était brisée, et non la vague, c'est la France même, ce sont toutes les libertés et tous les biens spirituels des peuples qui seraient submergés, et que ce serait là une catastrophe morale, un effondrement de la bonté et de la beauté du monde.

Et alors l'esprit s'est raidi : il a accepté librement, joyeusement de passer tout entier dans la chair pour la soutenir, pour la durcir, pour en faire un bloc, une digue, et puis, quand le mur serait lézardé, éboulé, pour le restaurer, le mettre de nouveau debout... toujours. C'est le propre de l'esprit que cette puissance de renouvellement, de reconstruction, de recréation.

Tous les observateurs ont noté que le premier jour de la bataille deux divisions françaises tinrent contre deux corps d'armée allemands. Après l'ouragan d'obus qui ne laissait pas un pouce de terre sans être labouré, broyé, après les nuages de gaz lacrymogènes et asphyxiants, quand la vague allemande vint battre la digue qu'on croyait pulvérisée, elle se heurta au mur de la volonté française. Tous les prisonniers allemands relatent leur stupéfaction : on leur avait dit et ils croyaient qu'ils trouveraient la résistance pulvérisée, balayée, qu'ils passeraient, sinon au pas de parade, du moins au pas de manœuvre. Or ils avaient là, devant eux, dressés, au milieu des ruines, des hommes.

« Un obus de 420, dit un observateur abat d'un coup trois maisons, mais il ne détruit pas trois volontés » (1).

(1) J'ai noté dans le récit que l'un des miens m'a fait de la bataille de Champagne où il a pris part, la non-résistance allemande après le bombardement : six ou sept kilomètres non seulement de tranchées, mais de blockhaus et de forts, pris en quelques heures, au pas de charge, et les troupes allemandes, sortant des tranchées dans leur affolement, les bras levés pour se rendre. Celui qui me

Et un autre observateur note que sous le déluge de mitraille des premiers jours, il était ahuri. « Il me semblait tournoyer dans un implacable « looping the loop », à une vertigineuse allure.

« Le bruit épouvantable et continu mordait les nerfs, vous jetait hors des gonds...

« Grâce au patriotisme et à l'émulation, on résiste. Mais, si ces sentiments ne vous soutenaient, certainement on tomberait sur le sol, étourdi, affolé, hypnotisé... »

Voici comment un capitaine d'Etat-Major

---

racontait cela me disait qu'il avait essayé de prendre un instantané de bandes allemandes accourant vers les troupes françaises, sans armes : « Mais, me disait-il : je n'ai jamais pu : elles arrivaient au galop ».

Je ne nie pas par là le courage allemand : il a été grand dans les attaques en masse, *notamment à Verdun. Je parle de cette chose assez indéfinissable, que je nomme l'esprit, chez les combattants de France, fait de courage, de volonté, mais aussi d'enthousiasme, de conviction, d'idéalisme, et qui a accompli ce miracle d'une armée qui « scientifiquement », rationnellement, devait être anéantie par le bombardement, et qui, affaiblie, décimée, s'est tout de même trouvée debout, tenant.*

Presque toujours, quand il s'agit d'une équipée héroïque pour « sauver la situation », équipée d'où l'on sait que les hommes ne reviendront pas, le chef demande des « volontaires « et les volontaires se présentent. « Ce qu'il y a eu de beau, m'écrit-on de Champagne, c'est que tous les combattants qui ont pris part à la contre-attaque, ont été volontaires ».

dessine, le profil du champ de bataille et la bataille même.

« Le champ central de la bataille est une étroite rangée de trois plateaux — ces trois plateaux sont les brisants sur lesquels viennent se déchirer les attaques ennemies. De mon observatoire on aperçoit ces trois hauteurs. Elles barrent l'horizon du Nord à l'Est. Le jour, elles apparaissent avec leurs couronnes de fumée, comme trois navires battus par les vagues d'une mer de mitraille. La nuit, elles semblent trois foyers qui reflètent dans le ciel des lueurs incandescentes.

« Sur ces trois collines se sont pour ainsi dire accrochés nos combattants. A demi enterrés, noyés par les gaz infâmes et arrosés par les balles, ils restent quand même, et le mur humain qu'ils forment empêche les Teutons de passer...

« L'inconcevable déluge d'obus a brûlé, déchiqueté, creusé le sol. On dirait maintenant, du Poivre à Douaumont, une suite de terrasses colossalement labourées par une charrue géante. Et cependant sur cette terre remuée, ensevelis sous une coulée de flammes et de fer, nos soldats restent quand même.

« Les lignes de chevaux de frise et les fils d'acier qui couvrent les pentes des collines du côté Nord-Est sont hachés, tordus, enfouis dans la neige, mêlés à la terre.

Les tranchées ne se reconnaissent plus guère dans ce bombardement. Il n'y a plus qu'une succession de grands entonnoirs, au fond desquels un salmigondis de rondins, de gabions, d'arbres entiers, de sacs de terre, d'ustensiles, d'armes. Mais les nôtres, renversés par les secousses de l'explosion, étouffés par les vagues de neige se dégagent de leur ensevelissement. Au fond de l'entonnoir ils creusent de nouvelles galeries, arrangent une défense nouvelle, percent des sapes pour de nouvelles mines, résistent quand même... » Ailleurs : « Pendant 18 heures nos soldats ont eu à supporter le choc le plus brutal et le plus formidable... Pendant 18 heures ils sont restés exposés à un déluge de mitraille tel qu'un vieil officier, vétéran de 1870, dont la bravoure s'est manifestée mainte fois, nous disait hier : « Il est impossible que des êtres humains puissent rester dans cet enfer. » Ils y sont restés et c'est l'ennemi qui a cédé devant leur héroïque résistance... »

La défense de l'Herbebois, du bois de Caures, de Douaumont, de Vaux, du bois des Corbeaux... restera comme la réplique moderne de Marathon ou des Thermopyles. On sait qu'au bois de Caux 2.000 chasseurs tinrent trois jours et abattirent 2.000 ennemis tués ou blessés. Attaqué par deux brigades toutes fraîches, débordé, cerné le bataillon tenait toujours.

« ... Le lieutenant-colonel Driant déclara : « Encore quelques minutes et il faudra mourir ou alors nous serons prisonniers... » Il prit un temps et ajouta : « A moins qu'on n'essaie de sauver quelques-uns de ces braves gens. » — « Eh ! bien, sauvons tout ce que nous pourrons, répondit le capitaine Hamel ; cela fera autant de chasseurs qui se battront encore demain. »

« Le lieutenant-colonel Driant prit alors chacun de ses deux chefs de bataillon par un bras et tous trois tinrent conseil. Nous entendîmes le capitaine Vincent qui disait : « C'est dur ; je préférerais mourir. » Et des larmes coulaient sur ses joues. Tous nous pleurions et les plus endurcis de nos chasseurs présents à cette scène étaient gagnés par une indicible émotion... »

Le lieutenant-colonel avait voulu partir des derniers. Monté sur un tronc d'arbre et toujours calme. — « Allez, mes enfants, passez : je vous ai conduits jusqu'à la lisière... Passez, passez... Vive la France ! »

Avant d'abandonner la ligne, une section de mitrailleuse tira ses 15.000 cartouches et, à l'approche des Allemands, sauva ses pièces.

Le soir même les chasseurs reprenaient le combat sur leur position de deuxième ligne, à Beaumont.

La digue n'était pas brisée.

Cette volonté de « tenir » est farouche. Les civils qu'on évacue par force de Verdun, n'ont que cette pensée.

« ... Oui, j'arrive de Verdun et j'en suis parti tel que vous me voyez ici, car tout ce qui m'appartenait est enseveli là-bas sous les obus. — Et tout de suite, devançant ma question, l'homme ajouta de la même voix paisible : Oh ! ça ne fait rien, que voulez-vous ! L'essentiel c'est qu'ils ne passeront pas... »

Et les soldats... ? Si on n'a pas leurs propos sur la ligne du front, on a les propos des blessés.

« Il faut avoir entendu ces grands blessés murmurer rageusement, alors que les majors pratiquaient sur eux des opérations extrêmement douloureuses :

— Ils ne passeront pas, les Boches... non, ils ne passeront pas...

« C'était là leur unique préoccupation. Pour ne pas crier, pour demeurer stoïques sous le bistouri, ils serraient, tordaient convulsivement leur mouchoir entre leurs dents, et deux mots seulement s'échappaient de leurs lèvres : « France ? Patrie !... »

« Quand, le 28, après la visite de treize avions ennemis, l'ordre nous parvint d'évacuer d'urgence l'hôpital de Balicourt, les plus valides parmi nos blessés, résolurent de partir à pied, afin de ne pas encombrer les convois. Ce fut bientôt, sur la route, un interminable défilé d'éclopés, qui avançaient lentement en se soutenant les uns les autres. Peut-être supposez-vous qu'ils songeaient à se plaindre ?... Eh bien ! détrompez-vous : ils chantaient la Marseillaise et disaient en riant à tous ceux qu'ils rencontraient :

— Vous en faites pas... nous les aurons. »
Récit d'infirmières. Petit Parisien, 2 mars.

A Lyon : « Lors de notre offensive de Champagne nous avions vu les Allemands faits prisonniers. Après trois jours de repos et de soins, ils étaient encore littéralement sidérés, ahuris, et semblaient sortir d'un cauchemar. Nos soldats, qui ont subi l'effroyable bombardement sont, eux, calmes, gais. Ils rient et plaisantent. Ceux qui viennent d'être hospitalisés ici appartiennent, pour la plupart à la territoriale. L'un d'eux, qui a eu un œil crevé, dit aux infirmiers en descendant du train : « — Quarante-trois ans et toute la campagne sans une égratignure ! Vraiment, c'était bien mon tour !... »

— « Un lieutenant tout jeune, presqu'imberbe. Tout de suite il a étonné tout le monde par sa bonne humeur, son énergie absolue. Et pourtant sa fiche d'admission porte : « Enlèvement par obus de la jambe gauche, à mi-hauteur de la cuisse, enlèvementdu pouce et de l'index gauches, pied droit gelé... »

« Oui, j'ai mon compte, me dit-il ; mais j'aurais bien donné un doigt de plus pour ne pas tomber le quatrième jour, c'est-à-dire au moment où, après une chaude alerte, nous allions enfin aller de l'avant. »

Si l'esprit français est devenu roc — un roc de chair, si l'on veut — dans cet abaissement libre l'esprit n'a pas péri. Je n'aime pas souvent les images grandiloquentes d'Annunzio ; mais cette fois, dans sa lettre à Barrès, il a dit vrai : « Le sang français n'est aujourd'hui que la lumière jaillissante et le ciment informe de Douaumont est plein de vie idéale comme les blocs de plus beau marbre d'où sortent les statues. » Je note seulement que le ciment de Douaumont a été pulvérisé et que, seule la volonté des soldats est le bloc toujours debout.

« Ne vous inquiétez pas de mes yeux, mon mon frère, ajoute d'Annunzio, dont une blessure menace la vue, mais sauvez la beauté du monde pour les yeux nouveaux. Vive la France. »

La beauté du monde est terriblement maculée à cette heure — maculée de sang ; mais je ne puis pas penser ici, comme m'y invite d'Annunzio, à la beauté blanche du marbre, des statues... de l'Acropole. Il n'y avait pas de sang sur l'Acropole. Mais il y avait du sang sur l'autre colline qui fut, à la fois le lieu le plus effroyable et le plus beau du monde — le plus scandaleux et le plus saint. Toutes les fois qu'il y a libre sacrifice de la chair par l'esprit, sacrifice pour une cause bonne et une fin pure, je ne puis pas ne pas penser — en toute humilité humaine — au calvaire.

PAUL DOUMERGUE.

LAVAL. — G. KAVANAGH ET Cie — 5954

www.ingramcontent.com/pod-product-compliance
Ingram Content Group UK Ltd.
Pitfield, Milton Keynes, MK11 3LW, UK
UKHW021157230726
13926UKWH00001B/147

9 782013 623346